Günther Lohr (Hrsg.)

Ich bin da

Exerzitien im Alltag
Gott in meinem Leben entdecken

Leite

Günther Lohr (Hrsg.)

Ich bin da

Exerzitien im Alltag
Gott in meinem Leben entdecken

Leiterheft

Verlag
Katholisches Bibelwerk
Stuttgart

Herausgegeben von Günther Lohr
unter Mitarbeit von Dr. Martina Eschenweck,
Barbara Gollwitzer, Franziska Limbach,
Beatrix Schnabl und Dieter Wittmann

Hinweis
Teilnehmerheft: ISBN 3-460-32075-3
CD Stilleübungen: ISBN 3-460-32077-X

Die Deutsche Bibliothek – CIP-Einheitsaufnahme

Ich bin da [Medienkombination]:
Exerzitien im Alltag / Günther Lohr (Hrsg.). –
Stuttgart: Verl. Kath. Bibelwerk
Leiterh. – 2001
ISBN 3-460-32076-1

ISBN 3-460-32076-1

Layout und Satz: Wolfgang Sailer, Oberbohingen
Umschlag: Finken & Bumiller, Stuttgart
Druck und Bindung: Druckerei Ernst Grässer, Karlsruhe

Das erste Begleittreffen führt ein in die Eigenart, die Struktur und den Ablauf der Exerzitien im Alltag und in die erste Woche.
Ab dem zweiten Treffen gibt es einen Erfahrungsaustausch in Kleingruppen. Es geht darum, unterschiedliche und gemeinsame Erfahrungen zu erheben und gelten zu lassen. Miteinander wird auch der Prozesscharakter der Exerzitien im Alltag deutlich. Darüber hinaus kann für den Einzelnen / die Einzelne der Wunsch oder auch die Notwendigkeit bewusst werden, in einem Einzelgespräch Klärung zu suchen.
Das letzte der fünf Treffen dient dem Gesamtrückblick und der Frage, was als nächster Schritt für jeden persönlich ansteht.
Alle Begleittreffen sind auch gemeinsame Zeit für praktische Übungen.

Hinweise für die Kleingruppengespräche

Es geht bei diesen Gesprächen nicht darum, theologisches oder sonstiges Wissen zu verbreiten oder darüber zu diskutieren, was richtig oder falsch ist.
Sie dienen vielmehr dazu, auf dem Exerzitienweg persönliche Erfahrungen auszutauschen, sich gegenseitig zu fördern und zu ermutigen. Deswegen sind persönliches Erzählen und einfühlsames Zuhören, Achtung voreinander und gegenseitige Wertschätzung wichtige Haltungen, mit denen die Gesprächsteilnehmer/innen einander begegnen.
Persönliche Gespräche gelingen auch dann besser, wenn der äußere Rahmen dazu einlädt, sich füreinander zu öffnen.

Dem dient z. B.:

- wenn die Begleiter der Exerzitien im Alltag vor den Gesprächen mit einer entsprechenden Übung noch einmal zu einem persönlichen Rückblick einladen;
- wenn die Kleingruppengespräche von Personen begleitet werden (Moderatoren), die sich vorher auf diese Aufgabe vorbereitet haben;
- wenn die Gruppen nicht zu groß sind;
- wenn kein zu helles Licht den Raum erleuchtet;
- wenn sich immer die gleichen Teilnehmerinnen und Teilnehmer in einer Gruppe treffen, so dass sie besser miteinander vertraut werden.

Aufgabe der Moderatoren

Die Moderatoren achten in den Kleingruppengesprächen darauf, dass

- der Charakter der Kleingruppengespräche gewahrt bleibt,
- alle etwas sagen können,
- Einzelne nicht zu lange sprechen,
- Teilnehmerinnen und Teilnehmer die vorgenannten Gesprächshaltungen beachten,
- der Erfahrungsaustausch in Gang kommt.

Themen für die Gespräche

- Wie ist es Ihnen in der vergangenen Woche ergangen (Ort, Zeit, Umstände, Haltung)?
- Wie sind Sie mit den Vorlagen zurechtgekommen?
- Welche inneren Regungen, Gefühle, Empfindungen haben Sie im Verlauf der Übungswoche wahrgenommen? Wie deuten Sie sie?
- Welche Erfahrungen, Entdeckungen konnten Sie machen?
- Welche Schwierigkeiten gab es?
- Wie haben sich die Übungen in dieser Woche ausgewirkt?
- Wie ist es Ihnen mit dem Üben während des Tages gegangen?

Begrüßung – Vorstellrunde

Lied oder Gebet

(z. B. aus den Anfangsgebeten) oder Gebet der liebenden Aufmerksamkeit

A) Einführung in die Exerzitien im Alltag

Wo die Einführung in die Exerzitien im Alltag ausführlich notwendig ist, kann folgende Gliederung hilfreich sein:

I. Was sind Exerzitien im Alltag?
II. Einführung in den Geist des Übens
III. Schritte für jeden Tag
   1. die persönliche Meditationszeit
   2. die vier Möglichkeiten für den Tagesabschluss
   3. Üben während des Tages
IV. Hinweise zur Vorplanung und zur äußeren Gestaltung, zur Struktur der vier Wochen und zum Umgang mit dem Materialheft
V. Fragen der Teilnehmer/innen

I. Was sind Exerzitien im Alltag?

Wie können wir Gott und unser Leben, Glaube und Welt zusammenbringen? Diese Frage bewegt heute viele Menschen ganz zentral.
Wenn sie versuchen fromm zu sein, bekommen sie das Gefühl, dass sie dazu heilige Zeiten brauchen, heilige Orte, außerordentliches Tun, feurige Andacht. Nur: das alles kommt in ihrem Alltag kaum vor.
So trennen sie dann Gebet und Arbeit, Sonntag und Werktag, sakral und profan. In der einen Realität scheint Gott vorzukommen, in der anderen aber, dem „wirklichen" Leben, nicht. So fühlen sie sich gespalten. Sie bringen Ihre Innerlichkeit und Ihre Weltverantwortung nicht zusammen. Sie kommen über schöne Aufschwünge nicht hinaus. Sie bekommen ein schlechtes Gewissen, weil in ihrem normalen Leben, in ihren

Banalitäten, in ihrer konkret-handgreiflichen Welt nichts „Geistliches" zu finden ist. Sie verlieren den Mut.
Wir meinen, dass gerade der Alltag als Raum des Lebens, wie es eben ist, als Raum der persönlichen Entfaltung und Freude, der Routine und Abnutzung, als Raum des Glaubens und der Bewährung, der Einübung in die Treue und die Geduld, der Niederlagen und Verwundungen, aber auch der Versöhnungsmöglichkeiten – als Raum des Geistes Gottes – entdeckt werden kann. Gott kann gesucht und gefunden werden in allen Dingen (Ignatius von Loyola).
Für Christen gibt es keine geist-losen oder geist-freien Lebensbereiche und Lebensvollzüge, und zwar, weil sich Jesus Christus „inkarniert" hat in unsere sehr alltägliche, irdische, banal-diesseitige Welt. In Jesus Christus bringt Gott seine Hinneigung zur Welt, seine „Weltfrömmigkeit" an den Tag („und das Wort ist Fleisch geworden"). Deswegen sollen und dürfen wir „Weltchristen" sein, weltfromme Leute, Christen im Alltag eben.

Exerzitien im Alltag sind der Versuch, Christ sein im „wirklichen" Leben einzuüben (zu „exerzieren"). Alle Situationen, Ereignisse, Begegnungen, Tatsachen, Fragen, Tendenzen, Verhaltensweisen, Reaktionen, Ängste, Hoffnungen lerne ich ruhig und wach anzuschauen (sehen). Im Licht Gottes und des Evangeliums sollen sie entschlüsselt werden (urteilen). Im Glauben sollen sie gelebt werden (handeln). Dabei ist Jesus Christus der Lehrmeister. An seiner Menschwerdung, an seinem Leben, Leiden, Sterben und Auferstehen kann ich einüben und erfahren, was in meinem Leben „passt", was „stimmig" ist und was infolgedessen zu tun ist.

Exerzitien im Alltag sind Übungen, um das ganze und konkrete Leben auf Gott hin zu ordnen, es von ihm verwandeln zu lassen in seine eigene Wirklichkeit.
Ich nehme mir dazu jeden Tag Zeit, um mit entsprechender Anleitung mein Leben in den Blick zu bekommen und um so sensibel zu werden für Gottes Geist in meinem Alltag. Menschen, die dies versuchen, sind im-

mer wieder erstaunt, wie aufregend, lebendig und gelingend ihr Leben wird und wie unmerklich an die Stelle eines lustlosen Daseins eine Freude an Gott, eine Lust am Glauben und die Bereitschaft zur Nächstenliebe treten kann.

Zu den Punkten II.–V. finden Sie alles Wichtige im Teilnehmerheft.

B) Einführung in die erste Woche

Stilleübung aus der ersten Woche

Meditationsimpuls

Fastenzeit

mich einstimmen
mich ausrichten
auf Gott
neu aufmerksam
neu sensibel
neu empfindsam werden

etwas Liebgewordenes loslassen
etwas Vertrautes verändern
Grenzen neu setzen

mich von Überflüssigem befreien
der Leere
Raum schaffen

mich neu ausrichten
mich neu orientieren
mich neu orten

zurück zu dem
was wesentlich ist
was mir Sinn und Ziel gibt

Verzicht
meint
Freisein

Andrea Schwarz, Anselm Grün, Und alles lassen, weil ER mich nicht lässt, Verlag Herder, Freiburg 5. Auflage 2001

Einführung in die kommende Woche

In der ersten Woche geht es darum, damit zu beginnen, gewisse Grundhaltungen einzuüben, die den Menschen für Gott öffnen können. Es geht darum, für die Gegenwart Gottes empfänglich zu werden. Gott ist da, ganz nah, auch an dem Platz, den man sich eingerichtet hat. Dieser Platz sollte möglichst noch am Abend vor dem ersten Übungstag gestaltet werden.
Es werden jeden Tag verschiedene Stilleübungen angeboten, zum Teil auch Gebete. Man kann dies alles so nachvollziehen, wie es dasteht, oder aber, wenn man schon in einer Praxis geübt ist, diese anwenden.

1. Tag: ankommen

Ich habe mich entschieden, mir für die Exerzitien Zeit zu nehmen. Der erste Tag soll eine Einladung sein, sich auf Gott ganz einzulassen, weil er uns liebt und weil er unser Leben ist.

2. Tag: auf(sich)merksam sein

Oft wird von mir verlangt, dass ich auf alles und jeden achte. Dabei vergesse ich, auf mich selbst zu merken. Meine eigene Befindlichkeit, meine Wünsche und Gefühle werden zweitrangig. Da Gott in mir wohnt, ist es bedeutsam, dass ich mich selbst wahrnehme.

3. Tag: leer werden

Ich bin oft so angefüllt von Dingen, die mich bewegen, dass nichts Neues in mir Raum findet. Will ich neue Wege zu Gott beschreiten, will ich ihm in mir Raum geben, muss ich loslassen.

4. Tag: sich berühren lassen

Gott kann ich in den Dingen finden. Dazu muss ich mich für sie öffnen und versuchen, das Lied, das sie von Gott singen, zu erlauschen.

5. Tag: eins sein

Innere Zerrissenheit bringt mich weg von Gott. Sie entsteht aus den vielfältigen Anforderungen des Tages oder daraus, dass wir nicht bei uns sind. Einssein mit dem, was ich tue, schenkt mir Ruhe und Kraft, bringt mich näher zu meiner Quelle.

6. Tag: die Mitte finden

Der Weg zu Gott führt mich nicht nur zu den Dingen, sondern er führt mich besonders in meine eigene Mitte. Gott wohnt in mir. Wenn ich in mich selbst blicke, kann ich seine Gegenwart erkennen.

7. Tag: entschieden sein

Vor dem Beginn der zweiten Woche blicke ich zurück auf das, was war. Es hilft mir, den nächsten Schritt zu tun: was mir gut getan hat, behalte ich bei; was schwierig oder ungut war, versuche ich zu ändern.

Lied

Segen

Wegsegen

gott segne deinen weg
die sicheren und die tastenden schritte
die einsamen und die begleiteten
die großen und die kleinen

gott segne dich auf deinem weg
mit atem über die nächste biegung hinaus
mit unermüdlicher hoffnung
die vom ziel singt, das sie nicht sieht
mit dem mut stehenzubleiben
und der kraft weiterzugehen

gottes segen umhülle dich auf deinem weg
wie ein bergendes zelt
gottes segen nähre dich auf deinem weg
wie das brot und der wein
gottes segen leuchte dir auf deinem weg
wie das feuer in der nacht

geh im segen
und gesegnet bist du segen
wirst du segen
bist ein segen
wohin dich der weg auch führt

Katja Süß, in: Gesegneter Weg, Eschbach 1997

Im Anschluss an das Segensgebet können die TeilnehmerInnen eingeladen werden, einander zu segnen: mit einem Kreuz in die Hände oder auf die Stirn.
Vielleicht kann man ein duftendes Öl verwenden.

Begrüßung

Lied

Kanon: „Schweige und höre, neige deines Herzens Ohr“ bzw.„Ich will dir danken, weil du meinen Namen kennst, Gott meines Lebens“

Sammlung und Rückblick

In der ersten Woche haben Sie Grundhaltungen eingeübt, die Ihnen helfen, sich für Gott zu öffnen.
Bevor wir uns über die Erfahrungen, die Sie damit gemacht haben, austauschen, lade ich Sie ein, in einer meditativen Atemübung hier, an diesem Ort und bei sich selbst anzukommen.

Ich atme tief aus
und lasse los
tausend Stimmen habe ich heute gehört
ich weiß die Worte nicht mehr
und doch haben sie sich in meiner Seele
festgesetzt

ich atme ein und bin da

ich atme tief aus
und lasse die Stimmen verstummen

tausend Gedanken kommen und gehen
wohltuende und erschreckende
vergehen und halten mich fest
gesättigt und erschöpft

ich atme ein und bin da
ich atme tief aus
und lasse all die Gedanken verfliegen

tausend Worte habe ich gesprochen
nützliche und unnütze
Worte die streicheln

Worte die verletzen
heilsame Worte und Worte voller Unheil

ich atme ein und bin

ich atme tief aus
und lasse all die Worte fallen

ich atme ein und bin da

ich komme an in diesem Raum
ich schaue auf die Mitte
ich bin voll davon und erfüllt
ich spüre wie ich hier sitze

ich lasse meinen Atem kommen und gehen
ich bin da

Nach: Lass meine Seele aufatmen. Segen empfangen und weitergeben 3; Gedanken, Meditationsübungen und Gebete. Martin Schmeisser (Hrsg.), Eschbach 1992

Lassen Sie dann eine kurze Zeit der Stille für die Rückschau auf die vergangene Woche, etwa mit folgender Einleitung:
Wir nehmen uns jetzt etwas Zeit, um in der Stille auf die vergangene Woche zurückzuschauen. Wie ist es mir in dieser ersten Woche der Exerzitien gegangen?

- mit dem Rahmen: mit der Zeit und dem Ort
- mit den Themen der einzelnen Tage:
  Was ist mir wichtig geworden?
  Was war mir hilfreich?
  Wo bin ich hängen geblieben?
- Welche inneren Regungen, Gefühle, Empfindungen habe ich im Verlauf der Übungswoche wahrgenommen?
  Wie deute ich sie?
  Was sagen sie mir?

Austausch in der Kleingruppe und im Plenum

Meditationsimpuls

Beten Sie miteinander die „Namen Gottes Litanei“, Gotteslob Nr. 763. – Wählen Sie gegebenenfalls einige Abschnitte daraus aus. Anders als übliche Litaneien hat dieser Gebetstext einen betrachtenden Charakter. Es empfiehlt sich, diesen Text betont langsam zu lesen und zwischen den einzelnen Abschnitten eine kurze Stille zu halten.

Einführung in die kommende Woche

Unter der Überschrift „Gott rufen“ geht die zweite Woche den Fragen nach:

„Wer ist Gott für mich? Wer will er für mich sein? Im Nennen des Namens Gottes kommen Lebenserfahrungen zum Ausdruck.

1. Tag: Gottes Gegenwart

Wie geht es mir mit meinem Gott? Eine einfache Zeichnung und ein chassidisches Lied, das „Dudele“, wollen auf die Spur zu einer Antwort auf diese Frage führen.

2. Tag: Meine Namen für Gott

Gott hat viele Namen. Ein Name besteht nicht nur aus Buchstaben, er drückt auch die Beziehung aus zu dem, den ich bei diesem Name nenne. Jeder ruft Gott bei einem anderen Namen. Welches sind meine Namen für Gott?

3. und 4. Tag: Zu Gott rufen

Ein und derselbe Text begleitet Sie an zwei Tagen. Menschen rufen auf unterschiedliche Weise zu Gott. Der Umgang mit Psalmversen lädt dazu ein, meine eigene Weise des Rufens zu entdecken.

5. und 6. Tag: Gottesbegegnung

Die Begegnung mit Gott kommt überraschend, wir Menschen können sie nicht machen und erzwingen. Aber wir können offen sein für das, was Gott uns sagt.

7. Tag: Rückblick auf die Woche

Abschluss

Lied:

In Gottes Namen wolln wir finden, was verloren ist,
in Gottes Namen wolln wir suchen, was verirrt ist,
in Gottes Namen wolln wir heilen, was verletzt ist,
in Gottes Namen wolln wir stärken, was geschwächt ist,
in Gottes Namen wolln wir hüten, was lebendig ist,
wie einen Augapfel, wie mein Kind, wie eine Quelle,
in Gottes Namen. Amen.

Begrüßung

Lied: GL 298, es eignet sich auch GL 621 oder ein anderes Lied des Vertrauens, GL 289–301

Herr, unser Herr, wie bist du zugegen
und wie unsagbar nah bei uns.
Allzeit bist du um uns in Sorge,
in deiner Liebe birgst du uns.

Sammlung

a) eine der Stilleübungen oder
b) Geschichte von Hubertus Halbfas (s. S. 19)

Da wir die Hälfte der Exerzitienzeit hinter uns haben und vielleicht einige schon müde geworden sind, können Sie die Gruppe mit einer Geschichte von Hubertus Halbfas abholen und dann erst eine kurze Zeit der Stille lassen für die Rückschau. (Den ersten Teil der Geschichte, wo es um die beiden älteren Brüder geht, können Sie auch gekürzt erzählen).

Rückblick

Ich lasse in der Stille da sein, was mich jetzt bewegt. Ich schaue dann zurück, wie es mir in der vergangenen Woche ergangen ist: Was ist mir wichtig geworden? Was war hilfreich? Wo bin ich hängen geblieben? Was hat mich bewegt? Welche inneren Regungen, Gefühle und Empfindungen habe ich im Verlauf dieser zweiten Übungswoche wahrgenommen? Wie deute ich sie? Was sagen sie mir?

Austausch in der Kleingruppe und im Plenum

Meditationsimpuls

Eine der angegebenen Stilleübungen.
Dann sammeln wir uns mit dem Wort „Ich bin da“. Das Wort nachklingen lassen!

Wir hören einige Sätze, in die Stille hineingesprochen. Wählen Sie einige Sätze aus!

H. Hong, Gottes Name – Jahwe – ich bin da! – s. Seiten 22f.

Einführung in die kommende Woche

Anhand der Geschichte vom Auszug aus Ägypten schauen wir auf unsere eigenen Lebenserfahrungen und unsere Geschichte mit Gott, auf Erfahrungen der Unterdrückung und Not, aber auch der Befreiung und Hilfe. Gott ruft auch uns auf einen Weg, der manche Durststrecken enthält, der uns aber zu einem Leben in Fülle führen will.

Überblick:

- Am ersten Tag geht es um Erfahrungen, die unser Leben unterdrücken, zerstören oder niederhalten.
  Gott hört auch unser Stöhnen und Klagen.
- Zweiter Tag: Berufung des Mose
  Gott offenbart sich als „Jahwe“, der „heruntergekommen ist, um sein Volk zu retten“. Er ist der „Ich bin da“ auch für uns und ruft auch uns auf einen Weg der Befreiung.
- Dritter Tag: Durchzug durch das Rote Meer
  Gott rettet das Volk aus der Macht der Ägypter. Wir betrachten ein Bild von Chagall, auf dem deutlich wird, dass Gott entschieden trennt von den zerstörenden Mächten und den Mächten des Todes, indem er sich selbst zwischen sie und sein Volk stellt. Er lädt uns ein, dass wir uns von ihm führen lassen.
- Vierter Tag: Wie auf Adlerflügeln getragen
  Gott trägt uns in allen Situationen unseres Lebens.
- Fünfter und sechster Tag: Wüstenwanderung
  Wir erfahren Durststrecken. Doch Gott rettet sein Volk vor Durst und Hunger, er sorgt für uns und nährt uns.

Abschluss

Vorschläge:

- Lied: „Bewahre uns Gott, beschütze uns Gott" (oder je nach Gruppe: „Dass du mich einstimmen lässt")
  oder: Wir hören noch mal den Text: „Ich bin da"
- Pilgertanz:
  Musik: Aharat hadassah, Israel, LP Tanzchuchi, Zytglogge Verlag oder Tsaconicos, Griechenland, A More Beginners dancer

  Beides kann bestellt werden: Verlag Dieter Basies, Ahlmannstr. 18, 24118 Kiel, Tel. 0431/563459, Fax: 0431/568326

  oder: Es eignet sich auch jede klassische Musik mit langsamem Vierer-Rhythmus.

Das Wasser des Lebens

Ein Lehrer erzählte einem Schüler, der seine Lebensmitte suchte, folgende Geschichte:
Von einem alten Vater wird erzählt, der todkrank war (und es mag der Alte wohl für vieles stehen, was innen und außen brüchig geworden ist). Um ihn zu retten, hieß es, müsse das Wasser des Lebens gefunden werden, das aber nur schwer und gefahrenvoll zu gewinnen sei. Da sprach der älteste Sohn: „Ich will es schon finden", hatte aber nicht den Vater, sondern nur eigenen Vorteil im Sinn. Also machte er sich auf, und als er eine Zeitlang fortgeritten war, stand da ein Zwerg auf dem Weg, der rief ihn an: „Wo hinaus so geschwind?" – „Dummer Knirps", sagte der Junge ganz stolz, „das brauchst du nicht zu wissen", und ritt weiter. Doch wohin diese Art führt, zeigte sich bald. Wie er nun fortritt, taten sich die Berge zusammen und endlich war der Weg so eng, dass er keinen Schritt weiter kommen konnte, das Pferd vermochte er nicht zu wenden und selber nicht abzusteigen und musste da eingesperrt bleiben. So war sein Lebensweg zu Ende, wenngleich nicht sein Leben.
Da nun der Älteste auf sich warten ließ und nicht heimkam, sagte der Zweite: „So will ich ausziehen und das Wasser des Lebens suchen!", und

dachte bei sich, das ist mir eben recht, ist der tot, so fällt mir das Erbe zu. Also zog er gleichen Weges fort und begegnete demselben Zwerg, der hielt ihn wieder an und fragte: „Wo hinaus so geschwind?“ – „Dummer Knirps“, sagte der Junge, „das brauchst du nicht zu wissen“, und ritt in seiner Überheblichkeit fort, verlor sich aber ebenso in den Schluchten, bis er weder vor noch zurück konnte. Wie nun auch der Zweite ausblieb, sagte der Jüngste, er wollte ausziehen und das Wasser des Lebens holen, und er tat so. Als er den Zwerg auf seinem Wege traf und er fragte: „Wo hinaus so geschwind?“, rümpfte er nicht die Nase, sondern antwortete ihm: „Ich suche das Wasser des Lebens, weil mein Vater sterbenskrank ist.“ – „Weißt du denn, wo das zu finden ist?“ – „Nein“, sagte der Junge. „So will ich dir's sagen, weil du mir ordentlich Rede gestanden hast: Es quillt aus einem Brunnen, in einem verwünschten Schloss, von Hindernissen umlagert, und damit du dazu gelangst, gebe ich dir eine eiserne Rute und zwei Laibe Brot. Mit der Rute schlage dreimal an das eiserne Tor, so wird es aufspringen. Inwendig werden dann zwei Löwen liegen und den Rachen aufsperren. Wenn du ihnen aber das Brot hinwirfst, wirst du sie stillen. Und dann eile dich und hol' vom Wasser des Lebens, eh' es zwölf schlägt, sonst geht das Tor wieder zu und du bleibst eingesperrt.“

Da dankte ihm der Junge, ging hin und fand alles, wie der Zwerg gesagt hatte. Er überwandt das Tor und die Löwen und schritt durch die Gänge und Räume des Schlosses, ein um das andere Mal versucht, zu verweilen und sein Ziel zu vergessen. Da war ein großer Saal mit Kostbarkeiten, die er missachtend zurückließ. Und weiter kam er in ein Zimmer, darin war eine Prinzessin, die freute sich, als sie ihn sah, küsste ihn und sagte, er möge wiederkommen und sie heiraten. Sie sagte ihm auch, wo der Brunnen wäre mit dem Lebenswasser, er müsse sich aber eilen und daraus schöpfen, eh' es zwölf schlüge.

Da ging er weiter und kam endlich in ein Zimmer, darin stand ein schönes, frischgedecktes Bett, und weil er müde war, wollte er sich erst ein wenig ausruhen. Also legte er sich und schlief ein, wie er aber erwachte, schlug es drei Viertel auf Zwölf. Da sprang er ganz erschrocken auf, lief zu dem Brunnen und schöpfte sich einen Becher, der daneben stand, voll und eilte, dass er fort kam. Wie er eben zum eisernen Tor hinausging, da schlug's zwölf, und das Tor fuhr zu, so heftig, dass es ihm noch ein Stück von der Ferse wegnahm.

Als der Schüler diese Geschichte gehört hatte, fragte er:
Schüler: Wieso ist das eine Geschichte eines Weges, auf dem ich beten lernen kann?
Lehrer: Wege haben viele Namen und viele Gestalten; hier ist ein Schloss, von Mauern und Toren umgeben. Um in seine Lebensmitte zu gelangen, muss man immer neue Herausforderungen bestehen, die leicht in Sackgassen enden können:

- Das Tor mit dem Löwen verlangt Mut;
- Den Saal mit dem Reichtum der Welt passiert nur, wer nicht bestechlich ist und wem die Habgier nicht das Ziel im Herzen auslöscht;
- Selbst die Prinzessin, zu der der Liebesfunke überspringt, darf nicht vor der Zeit beherbergen;
- Und endlich ist das Bett zu überwinden, eine Versuchung, der die wenigsten entgehen, wenn die Alltäglichkeiten des Hauses und des Berufs sie erschöpfen, noch bevor sie das Wasser des Lebens finden …

Der Kampf mit den Ungeheuern ist allemal fällig: Der Zwerg, das Tor, der Löwe, die Geliebte, das Bett wollen redlich bestanden sein. Immer geht es darum, sich selber loslassen zu können. Das ist jedesmal ein Kampf mit dem Drachen – auf Leben und Tod. Wer diese Prüfung meistert, gewinnt „alles“.
Schüler: Dann ist es hier wie überall. Dem Tüchtigen gehört die Welt?
Lehrer: Nein. Nicht dem Tüchtigen. Die beiden älteren Jungen waren „tüchtig“. Aber auf dem Weg nach Innen nutzt solche Tüchtigkeit nichts. Das Wasser des Lebens findet nur, wer gelassen, tapfer und ausdauernd ist. Und der Liebende.

Nach Hubertus Halbfas, Der Sprung in den Brunnen, S. 40–45, Patmos Verlag, Düsseldorf

Gottes Name – Jahwe – ich bin da!

Ich bin da, wenn du allein bist.
Ich bin da, wenn du dich betroffen fühlst.
Ich bin da, wenn sie dich ausstoßen.
Ich bin da, wenn du meinst, es geht nicht mehr weiter.
Ich bin da, wenn du verzweifelt und traurig bist.

Ich bin da, wenn du Angst und Furcht hast.
Ich bin da, wenn alle dich nicht mögen.
Ich bin da, wenn zwischen deiner Freundschaft eine Mauer ist.
Ich bin da, wenn du vor Sorge nicht schlafen kannst.
Ich bin da, wenn einer dir etwas zuleide tut.

Ich bin da, wenn du in großer Gefahr bist.
Ich bin da, wenn du krank bist und Hilfe brauchst.
Ich bin da, wenn du mit deinem Kummer nicht allein fertig wirst.
Ich bin da, wenn für dich die Welt zerbricht.
Ich bin da, wenn du ein wenig mehr Liebe brauchst.

Ich bin da, wenn du große Schmerzen hast.
Ich bin da, wenn keiner dir zuhört.
Ich bin da, wenn du dich vor Erschöpfung nicht mehr halten kannst.
Ich bin da, wenn du mich rufst.

Ich bin da, wenn du heimkehrst zu mir.
Ich bin da wie die Sonne, die dir Wärme und Fröhlichkeit gibt.
Ich bin da wie eine Flamme, die nie verlöscht.
Ich bin da wie eine schöne Blume, die dein Herz erfreut.
Ich bin da wie eine Wolke, die dich mit Liebe umhüllt.

Ich bin da wie ein Licht, das deinen Weg erleuchtet.
Ich bin da wie ein Auge, das mit Liebe auf dich schaut.
Ich bin da wie eine Hand, die vorsorglich deine Hand ergreift.
Ich bin da wie ein Herz, das immer für dich schlägt.
Ich bin da wie ein Engel, der dich schützt und leitet.

Ich bin da wie ein Freund, der dich niemals im Stich lässt.
Ich bin da wie eine Schwester, die mit dir die Sorgen teilt.
Ich bin da wie ein Bruder, der zu dir steht in Leid und Freud.
Ich bin da wie eine Mutter, die mit dir fühlt, dich ganz versteht.
Ich bin da als dein Vater, der dir ewige Geborgenheit gibt.

Ich bin immer für dich da,
dein unendlich liebender Gott.

H. Hong

4. Begleittreffen

Begrüßung

Lied

Schweige und höre

Stilleübung

Sammlung und Rückblick

Austausch in der Kleingruppe und im Plenum

Lied

Meditationsimpuls

Und ganz leise aufgebrochen

ein leises
Raunen
kaum vernehmbar

ein Wort
ein Bild
ein Klang

fast schon vorbei
und doch
berührt

und aufgemerkt
und
hingehorcht

und …

unruhig geworden
und tastend suchen

und erwachende Sehnsucht

und …

wachsende Gewissheit
und ganz viel Angst
und fragendes Verstummen

und plötzlich ganz viel Sehnsucht
und Staunen und Neugier
und Lust und Tränen

und Trauer
und Abschied
und Geborgenheit

und
ganz einfach
Vertrauen

ich bin bereit
bin ausgezogen
sitze auf gepacktem Gepäck

ich
bin
aufgebrochen

jetzt
zeig mir

wohin
ich
gehen soll

Andrea Schwarz, in: Wenn Chaos Ordnung ist, Verlag Herder, Freiburg 2. Auflage 2000

Einführung in die kommende Woche

Die vierte Woche soll zu dem Bewusstsein führen, dass die Exerzitien ein Anstoß sein können, sein Leben von Gott her zu ordnen, zu verstehen und zu deuten. Es geht nicht um ein einmaliges Tun, sondern um das Einüben der Haltungen und Erfahrungen, die jedem und jeder Einzelnen in den vergangenen Wochen wichtig geworden sind.
Die Erfahrung, dass jeder Mensch mit all seinen Gefühlen, Gedanken und mit seiner ganzen Lebensgeschichte von Gott begleitet ist, dass er vor Gott sowohl Schmerz und Trauer als auch Freude und Dankbarkeit zur Sprache bringen kann, fordert uns dazu auf, im konkreten Alltag umgesetzt zu werden. So steht die 4. Woche immer auch unter der praktischen Fragestellung: Was bedeutet das für mein ganz konkretes Handeln hier und jetzt.

Die einzelnen Tage

1. Tag – weiter wachsen: Anliegen dieses Tages ist zum einen, an die dritte Woche anzuschließen, und zum anderen, mir die Zusagen Gottes an mich, die vor allem in der 2. Woche Thema waren, nochmals zu vergegenwärtigen. Sie behalten ihre Gültigkeit, was immer ich in der 3. Woche entdeckt haben mag.

2. Tag – beschenkt leben: Es geht um ein Einüben der liebenden Aufmerksamkeit und darum, wahrzunehmen, was Gott mir an jedem Tag schenkt. Je mehr ich seine Nähe wahrnehme, umso mehr werde ich ihm mein Leben anvertrauen können aus dem Wissen, dass er es gut mit mir meint.

3. Tag – mich entscheiden: An diesem Tag geht es darum, die Aufmerksamkeit für all das in meinem Leben zu wecken, was viel oder zu viel Macht über mich hat. Es geht um die Grundentscheidung für ein Leben in der Nachfolge und um Wachheit gegenüber den Kurven und Ausreden, die mich von diesem Weg ablenken.

4. Tag – aufbrechen: Der dritte Tag wird nochmals aufgegriffen und vertieft. Es geht um einen möglichst konkreten Aufbruch, der nicht im Vorsatz bleibt, sondern der herausfordert, heute umgesetzt zu werden.

5. Tag – annehmen, was war: Wir alle tragen Verletzungen und Verwundungen mit, wir spüren Sehnsucht und Mangel. Es geht nicht darum, diese "Negativ"-Erfahrungen aufzuheben, sondern so mit ihnen leben zu lernen, dass sie uns nicht beherrschen, dass sie uns hilfreich werden. Hildegard von Bingen sprach von Wunden, die zu Perlen werden – das kann als Intention über diesem Tag stehen.

6. Tag – seine Liebe sehen: Gottes Liebe wird im Mitmenschen und im Umgang miteinander sichtbar. In jedem Menschen lebt Gott mit seiner Liebe. Das zu sehen, ist nicht immer einfach. Dieser Tag lebt davon, auf Gottes Liebe aufmerksam zu werden.

7. Tag – Gottes Wort in mir: Wir halten Rückschau und Ausschau und nehmen die Erfahrungen dieser Wochen in unser Leben mit hinein. Sie sollen nicht nur bei uns bleiben, sondern sie drängen auf eine Verwirklichung. Das können wir mit einem Brief an uns selbst immer wieder überprüfen – was sind unsere Wünsche und wie setzen wir sie um?

Tanz

z. B. Biserka – in Ursoaica, Tänze für die Gruppe
Bestell-Nr.:
MC: 10054 – Tanzbeschreibung 20068
CD: 10068 – Tanzbeschreibung ist dabei

Zu bestellen bei: Ökotopia, Hafenweg 26, 48155 Münster, Tel. 02 51/66 10 35, Fax: 02 51/66 38 52

Die CD kann auch bestellt werden bei Haus Petersberg, 85253 Erdweg, Tel. 0 81 38/9 31 30, Fax: 0 81 38/93 13 22.

Segen

Gott sei vor dir
Um dir den Weg der Befreiung zu zeigen

Gott sei hinter dir
Um dir den Rücken zu stärken
Für den aufrechten Gang

Gott sei neben dir
Eine gute Freundin an deiner Seite

Gott sei um dich
Wie ein schönes Kleid und eine wärmende
Alpacadecke, wenn Kälte dich blass macht,
Beziehungslosigkeit dich frieren lässt.

Gott sei in dir und weite dein Herz –
zu lieben und zu kämpfen.

Beispiel für eine Variation des alten irischen Reisesegens.
Renate Ellmenreich, in: Heidi Rosenstock, Hanne Köhler, Du Gott, Freundin der Menschen, Kreuz Verlag, Stuttgart 1991, S. 143.

5. Begleittreffen

Das 5. Begleittreffen schließt die Exerzitien im Alltag ab.
Drei Elemente bestimmen von daher den Ablauf:

I. Reflexion und Erfahrungsaustausch der 4. Woche
II. den Weg durch die vier Wochen in den Blick nehmen
III. einen feierlichen Abschluss finden

Dabei ist zu berücksichtigen, dass das 5. Begleittreffen etwas länger dauert als die vorhergehenden. Eventuell ist es wichtig, das den Teilnehmern beim 4. Treffen schon anzukündigen.
Wir empfehlen, keine neuen Lieder, Gebete etc. zu verwenden, sondern auf die Bausteine aus den bisherigen Impulsen zurückzugreifen.

I. Erfahrungsaustausch über die 4. Woche

Lied / Gebet aus den bisherigen Treffen (z. B. 2. Woche, 2. Tag)

Sammlung und Rückblick

- die Aufmerksamkeit auf den Atem lenken
- die kleine Zäsur zwischen Aus- und Einatmen beachten und auskosten: das ist der Ort der Stille, wo ich frei bin von allem, was mich festhalten will, frei für Gott
- in dieser Stille verweilen
- anschauen, was in der vergangenen 4. Woche war.
- Dazu einige Erinnerungshilfen:
  Wachsen geschieht oft im Dunkel
  Gottes Geschenke können auch in Ent-Täuschungen „verpackt" sein
  Entscheidung: Welche Sicherheit ist sicher?
  Aufbrechen: rissig gewordene Grundeinstellungen ändern
  Gott in meinen Mitmenschen wiedererkennen
  Gottes Wort in mir: Einladung zu realistischen Schritten

Austausch in der Kleingruppe

II. Der Weg durch die vier Wochen

Die Teilnehmer werden am Ende des 4. Treffens aufgeordert, ein Zeichen, ein Symbol mitzubringen, das die Erfahrung (oder eine einzelne wichtige Erfahrung) durch die vier Wochen ausdrückt. (Das kann ein Bild, ein Gegenstand, ein Text, eine Geste, etc. sein)

Anhörkreis

a) Im Plenum stellt jede / jeder sein Symbol vor, sagt erklärende, deutende Worte dazu und legt es – soweit möglich – in der Mitte ab.
Wenn ein/e Teilnehmer/in die Erfahrung in einer Geste ausdrückt, übernehmen alle diese Geste und spüren ihr nach.

c) Wer seine Erfahrung kurz erzählt hat, schließt mit einem Dank oder einer Bitte ab. – Wenn zwei oder drei Personen gesprochen haben, kann die Runde mit einer Liedzeile oder einem Kyrie-Ruf oder einem passendem Antwortruf einstimmen. (z. B. „Schweige und höre, …")

III. Abschluss

Lied
Vater unser
Friedensgruß
Segensgebet, z. B. aus dem 1. Begleittreffen
Lied oder Tanz

Schlussbemerkung

Wenn Sie als Begleiter/in Erfahrungen mit Agape-Feiern haben, so empfiehlt es sich, damit abzuschließen, wenn die Gruppe damit einverstanden ist. Greifen Sie aber so weit wie möglich auf bekannte Texte und Gebete aus dem Exerzitienmodell zurück.
Das gilt auch für den Fall, dass die Gruppe mit einer Eucharistiefeier abschließen kann und will.

Bewahre uns, Gott

Text: Eugen Eckert
Musik: Anders Ruwth / Thorsten Hampel

Dass Du mich einstimmen lässt

Text und Musik: Kommunität Gnadenthal aus: Mosaik 1–4/5

Schweige und höre

2. Vater, wir kommen, wir sind unterwegs zu dir, Gott unsres Lebens.

Text: M. Hermes / R. Daffner
Musik: aus England
Rechte bei den Autoren

In Gottes Namen

Text: Friedrich Karl Barth, Peter Horst
Musik: Peter Janssens, aus: Ich liebe das Leben, 1981

Gottes Wort ist wie Licht in der Nacht

Text: unbekannt
Musik: aus Israel (Vijhuda)

Raum für Notizen

Raum für Notizen